Artistes | numéro 32

JOHN CONSTABLE,
ET LA MÉLANCOLIE DU PAYSAGE

— La campagne anglaise
à l'heure romantique

par Thomas Jacquemin

50MINUTES

Avec la collaboration d'Anthony Spiegeler

JOHN CONSTABLE

- **Naissance ?** Né le 11 juin 1776 à East Bergholt (Suffolk).
- **Mort ?** Décédé le 31 mars 1837 à Hampstead (banlieue de Londres).
- **Contexte ?** Royaume de Grande-Bretagne, romantisme et paysagisme anglais.
- **Œuvres majeures ?**
  - *La Vallée de Dedham* (1802)
  - *Portrait de Maria Bicknell* (1816)
  - *Le Cheval blanc* (1819)
  - *La Charrette à foin* (1821)
  - *La Cathédrale de Salisbury vue du jardin de l'évêché* (1823)
  - *Le Château de Hadleigh, l'embouchure de la Tamise, un matin après une nuit d'orage* (1829)
  - *L'Église de Stoke Poges* (1833)
  - *Le Cénotaphe* (1837)

Considéré comme le maître du paysagisme romantique anglais aux côtés de William Turner (1775-1851), John Constable, issu de l'Angleterre rurale, est amoureux de ses espaces bucoliques empreints d'un charme hors du temps.

À l'instar de la majorité de ses contemporains romantiques européens, John Constable est profondément marqué par les événements politiques qui jalonnent les XVIIIe et XIXe siècles. Mais, contrairement à son compatriote William Blake (1757-1827), il ne s'enthousiasme pas pour l'esprit républicain qui accompagne la fin de la monarchie absolue en France. De même, il ne partage pas l'intérêt d'Eugène Delacroix (1798-1863), chef de file du romantisme français, pour les passions humaines. Au contraire, les révolutions et les nombreux bouleversements qui marquent son temps inquiètent et désespèrent le très conservateur et chrétien John Constable. C'est donc dans une vision nostalgique du passé et dans une perception de son époque comme une ère de décadence que son œuvre s'enracine. En émoi devant la beauté de la nature, l'artiste couche sur ses toiles des instants de contemplation.

Les prémices du romantisme apparaissent quelques décennies avant la naissance de John Constable, avec des artistes qui se situent à la charnière de deux mondes, de la tradition et de la nouveauté, du passé et de l'avenir. Parmi les premiers peintres romantiques, James Thompson (1700-1748) et William Collins (1721-1759) influencent assurément l'approche picturale de Constable. Tandis que le premier emploie des couleurs plus vives et plus naturelles, le second fait l'éloge des sentiments et peint des scènes empreintes de nostalgie qui prennent place au milieu des ruines, des tombeaux et de la nature sauvage.

De son vivant, John Constable choque par ses couleurs, ses traits vifs et son « manque de fini ». Ce n'est qu'après sa mort que l'Angleterre comprend, après la France, la valeur de l'héritage de ce peintre qui parvient à sublimer la nature en lui imprimant l'émotion de l'instant présent, ouvrant ainsi la voie au courant impressionniste.

CONTEXTE

L'ANGLETERRE AUX HEURES RÉPUBLICAINES

En 1776, l'année de naissance de John Constable, la guerre de l'Indépendance des colonies d'Amérique du Nord prend fin. La perte de cet important territoire fait scandale à Londres et dans les grandes villes du Royaume-Uni. Mais à la campagne, règnent le calme et l'indifférence. À bien des égards, l'arrière-pays se désintéresse du monde extérieur et de la grandeur de l'Empire britannique. De même, lorsque la Révolution française éclate en 1789, John Constable, alors adolescent, ne semble pas se sentir concerné. Pourtant, l'Angleterre est en émoi et le pouvoir s'inquiète des sympathies de nombreux Britanniques pour l'esprit révolutionnaire. Des artistes anglais, tels que le poète et peintre William Blake et le poète William Wordsworth (1770-1850) – futur ami de John Constable –, vont jusqu'à célébrer les valeurs républicaines dans leurs écrits.

Cette exaltation est toutefois freinée par la mort du roi de France et les massacres qui sont perpétrés dans tout Paris et jusque dans les prisons par les foules déchaînées. La France révolutionnaire déçoit et provoque bientôt l'animosité des autres nations européennes. En 1793, peu après l'exécution de Louis XVI (1754-1793), la France, déjà en conflit avec l'Empire autrichien et hostile aux vieilles puissances européennes, déclare la guerre à l'Angleterre et aux Provinces-Unies (les actuels Pays-Bas). Son influence sur ses voisins n'en est pas moins grande, et l'esprit des Lumières agit sur la pensée anglaise comme sur celle de toutes les nations d'Europe centrale et occidentale. À l'heure où les anciens régimes semblent plus en danger que jamais, le mouvement romantique, symbole d'émancipation, se fraie une place dans la société anglaise.

LES GUERRES NAPOLÉONIENNES

En 1799, Napoléon Bonaparte (1769-1821) accède au pouvoir en France sous le titre de premier consul, avant de devenir empereur en 1804 sous le nom de Napoléon Ier. Pendant une quinzaine d'années, porté par des ambitions démesurées, il entraîne l'Europe entière dans une guerre qui emporte des centaines de milliers de vies. Bien que la récession et les périodes de famine soient le lot de tous les Européens au cours de ces années, John Constable n'en souffre pas véritablement : il bénéficie d'une rente familiale confortable qui lui permet de subvenir à ses besoins malgré un succès qui tarde à venir. En octobre 1805, la victoire anglaise à la bataille navale de Trafalgar met fin à la menace d'une invasion française des îles britanniques. Ce succès éclatant et les célébrations qui s'ensuivent sont toutefois ternis par l'annonce de la mort du célébrissime amiral Horatio Nelson (1753-1839), tué d'un coup de mousquet au cours de la bataille. À Londres, le climat est au deuil. John Constable, attristé lui aussi par la disparation du héros national, peint d'ailleurs une aquarelle mettant en scène le *HMS Victory*, le vaisseau de ligne du défunt amiral, à la bataille de Trafalgar, se basant sur un croquis du bâtiment qu'il avait effectué du en 1803 au large de Chatham. Mais il n'est pas l'unique peintre britannique à être inspiré par cet événement, William Turner ayant également peint une toile de la bataille.

UNE NOUVELLE ÈRE DE PAIX

En 1815, au terme de la bataille de Waterloo, l'Empire français est définitivement vaincu et l'Europe entre dans une nouvelle ère de paix. L'Angleterre, sortie victorieuse du conflit, assoit alors sa supériorité sur les océans. Après une période de récession faisant suite à la fin du conflit et au retour au pays de milliers de militaires désormais sans emploi, l'Empire britannique devient la première puissance économique mondiale.

Berceau de la révolution industrielle, qui bouleversera profondément le XIXe siècle, l'Angleterre est marquée par le passage d'une société agraire à une société urbaine industrialisée : les industries (charbon, métallurgie, textile, etc.) et les moyens de transport, entre autres, bénéficient d'avancées majeures. Suite à cette modernisation qui accentue les inégalités sociales, des mouvements pour l'égalité des travailleurs voient le jour. Mais l'entrée de l'Empire britannique dans l'ère industrielle engendre également une certaine angoisse face à la fin de la société traditionnelle, plus proche de la nature. Le romantisme, empreint de la nostalgie d'une époque plus simple, prend alors une importance grandissante.

BIOGRAPHIE

LES VERTES ANNÉES

John Constable naît le 11 juin 1776 dans le village d'East Bergholt, dans le Suffolk, au cœur de la région de l'East Anglia. Il est le quatrième enfant d'Ann et Golding Constable, de riches meuniers.

Adolescent, il travaille dans les moulins de son père sur les rives de la rivière Stour et dessine à ses moments perdus. Dès cette période, John Constable est pris de passion pour les paysages et illustre abondamment les grands espaces de l'East Anglia. À l'âge de 16 ans, il rencontre Sir George Beaumont (1753-1827), peintre amateur, collectionneur et expert d'art, qui croit en son talent et parvient à convaincre ses parents de le laisser suivre une voie artistique. En 1799, John Constable entre alors comme élève stagiaire à la Royal Academy of Arts à Londres. Créé en 1768 sous l'impulsion du roi George III (1738-1820), ce haut lieu de la culture anglaise, qui organise des cours, des expositions et des débats, est encore de nos jours incontournable.

Il y rencontre William Turner, qui sera son éternel rival, et devient l'élève du paysagiste Joseph Farington (1747-1821), qui l'a soutenu lors de sa candidature.

LE GRAND AMOUR

John Constable ne s'habituera jamais complètement à la vie citadine. En été, il revient alors à East Bergholt, à la recherche de sources d'inspiration. En 1802, le jeune peintre expose ses premières œuvres au Salon de la Royal Academy. Sensible aux variations de la nature et de ses couleurs, John Constable peint les nuages, l'eau, les reflets du soleil et leur mouvement dans les feuilles des arbres.

De passage à East Bergholt en 1809, il y rencontre l'amour de sa vie, Maria Bicknell. Rapidement, les deux jeunes gens désirent se marier, mais la famille de la jeune fille s'oppose à leur union. John Constable est très affecté par cette situation, bien qu'il n'abandonne pas l'espoir d'épouser un jour Maria Bicknell. Au cours de cette période, son ami John Fisher, l'archidiacre de Salisbury, lui est d'un grand soutien.

Au printemps 1815, la mère de John Constable et celle de Maria Bicknell décèdent à quelques jours d'intervalle. Un an plus tard, le père du peintre succombe à son tour et celui de Maria Bicknell, diminué depuis la mort de sa femme, finit par céder aux demandes de sa fille et de son futur gendre. Le couple se marie enfin en 1816, après sept années d'attente. Leur premier fils voit le jour fin 1817 et la famille s'agrandit jusqu'à la naissance d'un septième enfant, en 1828.

UN NOUVEAU DÉPART

Dès 1816, les jeunes mariés s'installent à Londres, où John Constable ouvre un atelier. La représentation de paysages n'étant pas à la mode, le peintre ne parvient pas à s'imposer dans le milieu artistique et peine à gagner sa vie. Il reçoit alors de l'aide de son frère, Golding Constable, qui a repris la gérance des moulins d'East Bergholt et en tire d'importants profits. Face à sa situation financière précaire, l'artiste se résout à peindre des portraits, bien que ce type de pro-duction lui déplaise.

Maria Bicknell souffrant de tuberculose, John Constable l'emmène régulièrement séjourner à Hampstead, un village sur les hauteurs de Londres, dans lequel la famille Constable finit par s'installer définitivement. Les lieux, à la fois sauvages et jouissant d'une vue imprenable sur la capitale, fournissent au peintre une importante source d'inspiration pour de nouvelles œuvres d'une grande beauté. Par ailleurs, dès 1817, l'artiste, qui se rend régulièrement à la mer avec son épouse afin de favoriser sa guérison, commence également à peindre des paysages maritimes.

Longtemps, Constable cherche son propre style et le moyen de toucher le cœur du public. Ce n'est qu'au début des années 1820 qu'il y parvient, avec des toiles de grande envergure dans un style tout à fait novateur.

LE SUCCÈS ET LES LARMES

En 1819, John Constable est élu membre associé à la Royal Academy. La même année, il peint *Le Cheval blanc*, une toile de près deux mètres dont il a fait l'étude à la même échelle que l'œuvre finale. L'artiste cherche avant tout à mettre en avant l'émotion de l'instant qu'il observe et dont il veut saisir l'essence sur le vif. Ami du poète William Wordsworth, il partage avec celui-ci une véritable fascination pour la nature.

1824 voit la consécration de Constable, qui expose au Salon de Paris et y remporte la médaille d'or. Ses œuvres sont très appréciées par les peintres français, Eugène Delacroix en tête. Aussi, de son vivant, John Constable sera-t-il plus reconnu en France que sur le sol britannique.

En 1829, le peintre est élu membre à part entière de la Royal Academy, une reconnaissance longtemps espérée, mais qui ne lui offre qu'une maigre consolation. Anéanti par la perte de sa femme, emportée par le mal qui la rongeait depuis sa jeunesse, il souffre en effet d'une grave dépression qui ne le quittera plus. Avec les décès, en 1832, de son assistant, John Dunthorne, et de son vieil ami, John Fisher, le peintre s'enfonce davantage encore dans la douleur. Sa souffrance est perceptible dans de nombreuses toiles de la fin de sa carrière telles que *L'Église de Stoke Poges* (1833) ou *Le Cénotaphe* (1837). L'atmosphère hivernale chargée d'une grande tristesse nostalgique qui caractérise les œuvres de l'artiste à cette époque les rend plus émouvantes et plus romantiques encore. Il meurt le 31 mars 1837, à 60 ans, et est enterré auprès de son épouse, à Hampstead.

CARACTÉRISTIQUES

L'ÉMOTION POUR UNIQUE GUIDE

John Constable entend peindre la nature dans sa beauté authentique. Il cherche à faire ressortir sa vitalité en représentant l'eau et ses reflets, les arbres et la lumière qui joue entre leurs feuilles, les nuages et leur évolution tantôt hostile, tantôt paisible. Mais certains éléments de sa peinture marquent davantage le spectateur que d'autres, à savoir les nuages et leur course, de même que les vibrations de la lumière.

Loin de se limiter à ce qu'il voit, Constable peint aussi ce qu'il ressent, comme le chaud, le froid, le doux, le rugueux, etc. Il est essentiellement guidé par l'affectif. C'est précisément en cela qu'il est romantique : le beau n'est pas tant sa priorité que l'émotion ressentie. Autrement dit, le sentiment prime l'académisme. Par conséquent, née de l'émoi qu'elle suscite, la nature est dotée d'un caractère presque fantastique, tout en recevant le plus bel hommage qui soit en termes de beauté réaliste.

Peintre de la nature, Constable commence chacune de ses œuvres par une minutieuse observation du milieu naturel, qui peut presque être qualifiée de scientifique tant elle est précise, à un point tel que, régulièrement, derrière ses tableaux, l'artiste note la date, l'heure et le temps qu'il faisait, et ce jusqu'aux plus légères variations climatiques. Si l'objectif n'est pas de peindre la nature comme on en prendrait une photographie, le peintre ne la considère pas moins comme le plus enthousiasmant des modèles. À ce titre, il cherche à distinguer les traits, les caractéristiques et les petites particularités qui la rendent unique à l'instant précis où l'œuvre se dessine.

PEINDRE SUR LE VIF

Chez Constable, on peut presque dire que le paysage devient personnage : désireux d'évoquer dans ses toiles les émotions qu'il ressent sur le vif, le peintre anglais donne aux espaces qu'il dépeint une profondeur et une vitalité jusque-là inexplorées. Le paysage cesse d'être un décor, mais il n'est pas non plus simplement une belle image. Il devient véritablement un individu en constant changement, avec ses variations de climat et d'ambiance, au même titre qu'un homme peut montrer tour à tour de la joie, de la colère et de la mélancolie.

Pour rendre ses émotions le plus justement possible, l'artiste innove dans son approche de l'esquisse : alors que l'étude préparatrice est généralement plus réduite que l'œuvre finale, Constable pratique l'ébauche à taille équivalente de la future toile, et ce en extérieur. L'artiste utilise ses premiers traits afin de saisir un maximum de sensations, attrapées au vol, en tentant de suivre et d'exprimer autant que possible une nature en constante évolution autour de lui. D'ailleurs, les dessins préparatoires qu'il effectue en extérieur avant de peindre ses toiles en atelier témoignent d'une rapidité d'exécution remarquable et d'une grande vivacité dans sa capacité à saisir l'instant avant que la magie ne cesse d'opérer.

Les grands tableaux d'1,50 mètre à 2 mètres qui l'ont rendu célèbre sont tributaires de cette vive émotion plus palpable encore dans les esquisses préparatoires que dans les œuvres destinées à être exposées. En effet, la vivacité des premiers traits pâtit souvent des exigences académiques des contemporains de Constable qui lui réclament toujours plus de « fini » et des couleurs moins vives, au détriment de l'émotion.

LA PRÉDOMINANCE DE LA COULEUR

Pour conférer encore plus de profondeur à ses œuvres, John Constable utilise une technique révolutionnaire : les traits de ses avant-plans sont fins, précis et parcourus de petites taches de couleur, tandis que ceux de ses arrière-plans présentent des formes longues et de plus en plus épaisses. Il se démarque ainsi de l'approche académique, pour laquelle netteté et précision sont les maîtres mots.

Faisant toujours primer les éléments de couleur pure sur la minutie du tracé, John Constable utilise également le couteau à palette, qu'il emploie de plus en plus à partir de la fin des années 1820. Son trait se rapproche alors davantage de celui de ses croquis. Très vif et très rapide, il rend particulièrement bien le mouvement et la vie des éléments en perpétuelle évolution.

LA PEINTURE À L'HUILE ET L'AQUARELLE

Utilisant principalement la peinture à l'huile, le peintre anglais l'emploie même parfois déjà pour ses dessins préparatoires et ses carnets, dans lesquels cette technique se mêle au crayon et au fusain – généralement, pour ce type de travaux, on utilise plutôt le graphite et le lavis gris. Mais John Constable pratique également beaucoup l'aquarelle, qui lui permet d'accentuer les modulations et les couleurs de ses paysages. En effet, cette technique étant basée sur l'absorption de l'eau, le pigment reste en surface, permettant ainsi de travailler avec des couches très fines. De plus, peu contraignante, l'aquarelle est idéale à transporter en extérieur.

LA VALLÉE DE DEDHAM

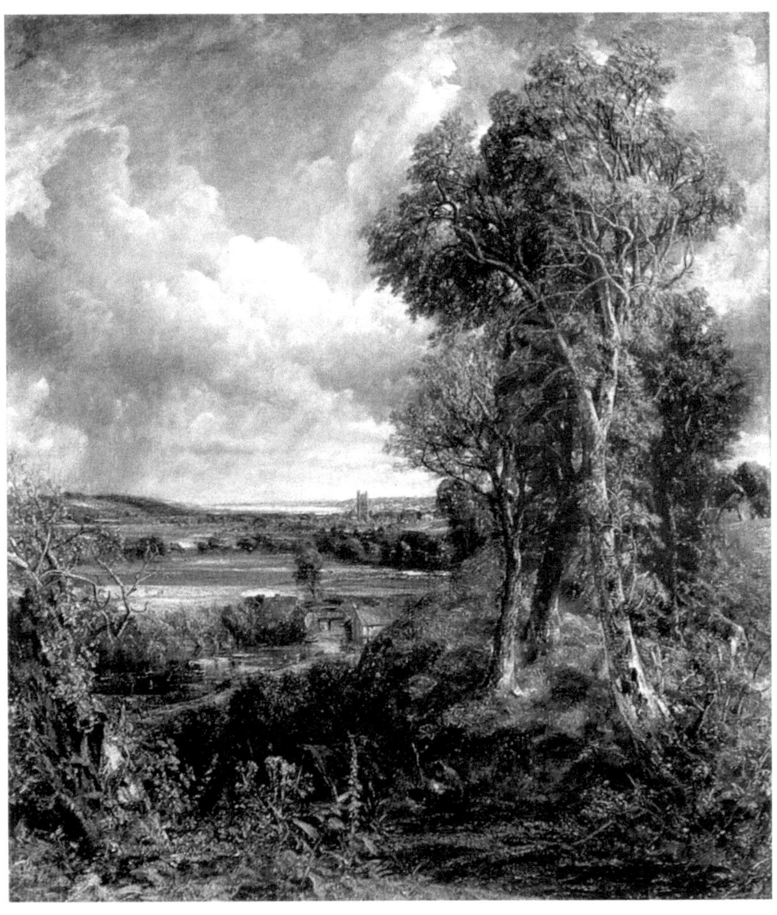

La Vallée de Dedham, 1802, huile sur toile, 43,5 x 34,4 cm, Londres, Victoria and Albert Museum.

Dedham est un village voisin de celui d'East Bergholt, où Constable a grandi. C'est dans cette région que le peintre paysagiste fait ses premières armes, d'où le nombre important de scènes représentant l'East Anglia dans la production de Constable. Cette œuvre, la première à être considérée comme majeure, contient tous les traits que l'artiste développera au fil de sa carrière. Âgé de 26 ans lors de la réalisation de cette toile, John Constable attache déjà une grande importance à la luminosité, aux reflets du soleil et au mouvement du vent dans les feuillages. Celui-ci entraîne le regard du spectateur de la droite vers la gauche du tableau, où sont peints des nuages dont on perçoit également le mouvement.

Cette œuvre présente un espace ouvert parcouru par les eaux de la Stour, qui serpente au travers des prairies et des bosquets. Au loin, on aperçoit Dedham, dominé par la tour gothique de son église. Le calme qui règne dans l'œuvre fait écho aux événements de l'époque. En effet, en 1802, après dix années de guerre contre la France, un fragile traité de paix vient d'être signé ; il ne durera que trois ans. Au même moment, l'industrialisation prend son essor et des usines de textile sont sur le point de voir le jour dans la vallée de la Stour. Comme pour cultiver la nostalgie, John Constable immortalise ici le paysage d'une région qu'il chérit et dont l'authenticité est sur le point de disparaître définitivement.

PORTRAIT DE MARIA BICKNELL, MADAME JOHN CONSTABLE

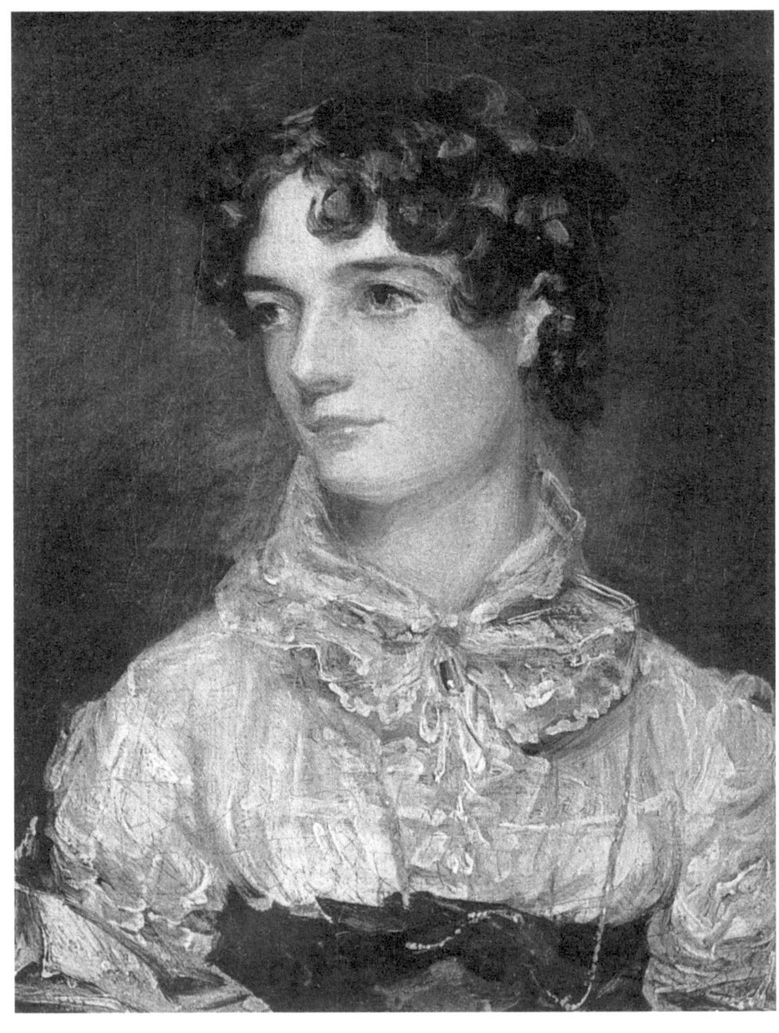

Portrait de Maria Bicknell, Madame John Constable, 1816, huile sur toile, 30 x 25 cm, Londres, Tate Gallery.

Maria Bicknell, le grand amour de John Constable, est aussi sa muse à bien des égards, puisque la peinture de l'artiste évolue au gré de leur histoire. Durant les premières années de leur relation, l'absence de sa bien-aimée et l'impossibilité de la prendre pour épouse rendent John Constable plus prodigue de croquis, qu'il ébauche parfois avec rage. Lorsque, des années plus tard, la maladie de son épouse s'aggrave et finit par l'emporter, sa peinture se fait alors de plus en plus ténébreuse et déchirante.

Cette toile est pour sa part née du bonheur qui fait suite au mariage de John Constable et de Maria Bicknell. On y admire la jeune mariée d'une beauté toute en retenue et dont le fin sourire et le regard calme déclinent à merveille le bonheur et le caractère confiant. La joie de l'époux transparaît également dans le rayonnement empreint de douceur qu'il apporte au portrait de sa femme et dans son désir de nommer cette toile *Portrait de Maria Bicknell, Madame Constable*.

Notons que l'artiste effectue de nombreux portraits de ce type à cette époque. Ils lui offrent en effet une rémunération non négligeable, à une période où le couple Constable rencontre des difficultés financières.

LA CHARRETTE À FOIN

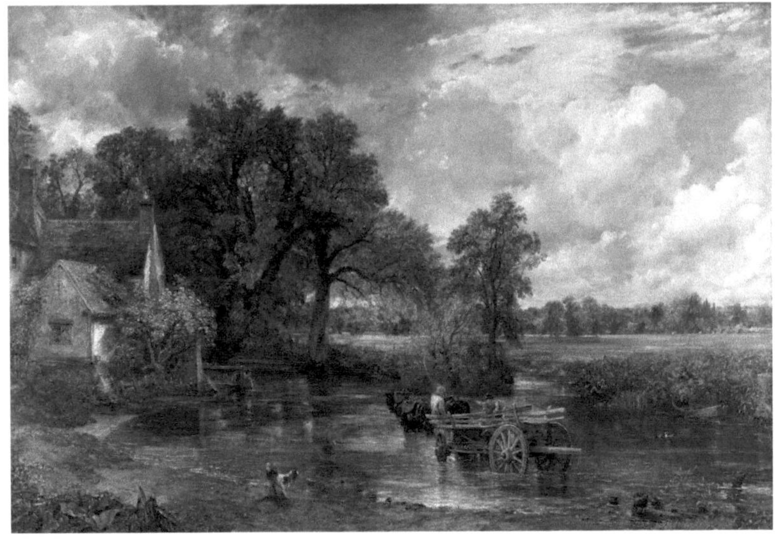

La Charrette à foin, 1821, huile sur toile, 130 x 185 cm, Londres, National Gallery.

Cette œuvre de grande envergure, pour laquelle John Constable réalise plusieurs études en plein air – dont certaines de même taille que la version finale –, est probablement la plus célèbre de l'artiste. Exposée en 1824 au Salon de Paris, elle bouleverse les peintres français et aura une influence majeure sur l'évolution ultérieure de la peinture de paysage en France.

John Constable y représente une charrette à foin vide poussée par des chevaux au pas et dans laquelle siègent deux personnes. L'équipée est en train de traverser la Stour, dans les environs d'East Bergholt, à proximité de moulins qui appartiennent à la famille du peintre. La charrette, élément central du tableau, semble évoluer dans un climat calme et se déplacer lentement dans les eaux paisibles de la rivière, que l'on dirait presque figée. Un petit chien, à l'avant-plan, offre un supplément d'âme à la scène.

Comme à son habitude, John Constable consacre une part importante de sa toile au ciel tourmenté caractéristique du climat anglais. Bien que situé à l'arrière-plan, ce ciel parcouru de nuages lourds apporte du mouvement et de la force à l'œuvre. Il est également présent dans la partie inférieure de la toile, à travers ses reflets dans l'eau, qui permettent à l'artiste d'accroître la luminosité du tableau. Par ailleurs, on constate un fort contraste et un effet de transparence entre les nuages. En réalité, dans cette œuvre, le peintre transpose sa technique de l'aquarelle à la peinture à l'huile : il mélange peu de pigments dans l'huile afin que celle-ci garde une certaine transparence. Il en résulte une impression de profondeur des nuages. Enfin, notons que l'œuvre tout entière est légèrement teintée de rouge, donnant ainsi le sentiment d'un orage imminent.

LA CATHÉDRALE DE SALISBURY VUE DU JARDIN DE L'ÉVÊCHÉ

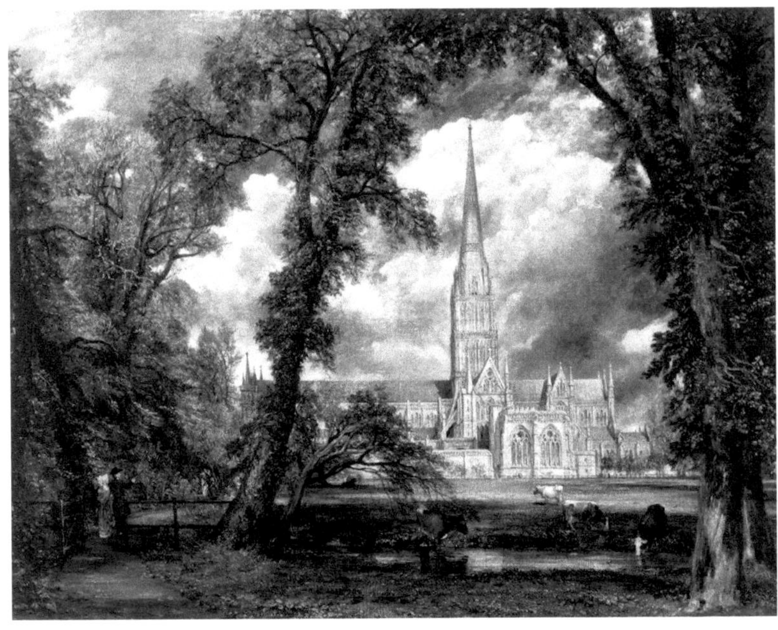

La Cathédrale de Salisbury vue du jardin de l'évêché, 1823, huile sur toile, 87,6 x 11,8 cm, Londres, Victoria and Albert Museum.

Cette œuvre, effectuée au cours de l'hiver 1822 d'après une étude à l'huile éponyme de 1820, est une commande de l'évêque de Salisbury, l'oncle de John Fisher. Dès le début, cette toile fait débat, notamment au sujet des nuages. L'évêque souhaite en effet substituer à ce décor chargé d'un jeu de lumières bleutées et vertes un ciel bleu dégagé et un soleil rayonnant qui sublimerait la cathédrale. Mais malgré la volonté du commanditaire, John Constable ne cède pas et expose la toile telle quelle au Salon de la Royal Academy en 1823. Cependant, en 1824, déterminé, l'évêque renvoie l'œuvre au peintre afin qu'il en retire les nuages au profit d'un ciel bleu. Refusant de retoucher son travail, John Constable trouve un compromis en proposant à l'évêque Fisher de lui peindre une seconde version du tableau. Il s'exécute, et cette nouvelle mouture de l'œuvre rencontre les attentes de l'homme de foi.

Paradoxalement, ce sont précisément les nuages, les jeux de lumière et le mouvement suggéré envahissant toute l'œuvre qui font de *La Cathédrale de Salisbury vue de l'évêché* l'une des toiles les plus célèbres et les plus appréciées de John Constable. De façon très marquée dans les études et de manière plus nuancée dans l'œuvre finale, les éclats du soleil sont suggérés au moyen de taches et de couleur pure étalée au couteau à palette. La flèche de la cathédrale, surgissant entre les espaces sombres des feuillus à l'avant-plan, se dresse dans les airs, joignant la terre et le ciel. Constable fait preuve d'une grande subtilité de construction, puisque la flèche de la cathédrale trouve un écho dans le tronc de l'arbre à l'avant-plan. On relève également une petite touche d'humour dans cette œuvre : la cathédrale est vue depuis la forêt et le point d'entrée du tableau, ce sont les vaches.

Un grand nombre de croquis et de peintures de la cathédrale de Salisbury effectués sous divers angles nous sont parvenus. Ces œuvres résultent principalement de l'amitié qui unissait John Constable et John Fisher.

LE CHÂTEAU DE HADLEIGH, L'EMBOUCHURE DE LA TAMISE, UN MATIN APRÈS UNE NUIT D'ORAGE

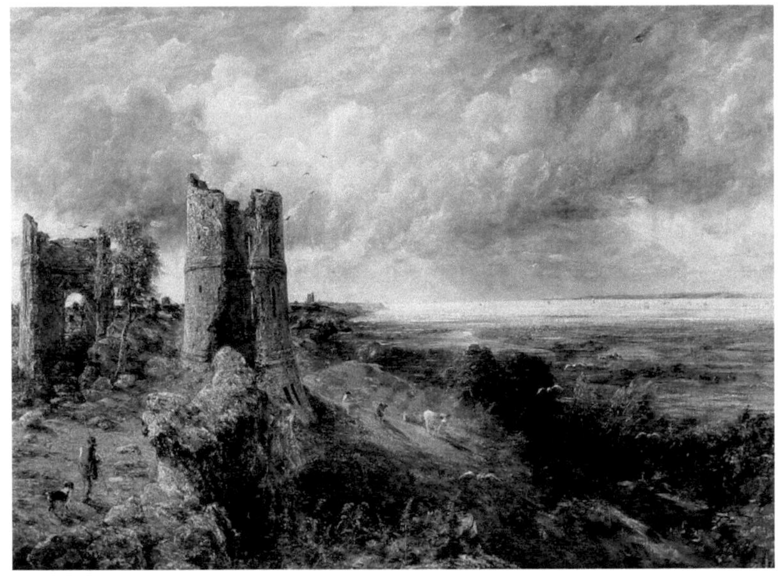

Le Château de Hadleigh, l'embouchure de la Tamise, un matin après une nuit d'orage, 1829, huile sur toile, 122 x 164,5 cm, New Haven, Yale Center for British Art.

Achevée au lendemain du décès de Maria Bicknell, cette toile est une œuvre de deuil. Les ruines, éléments verticaux écrasés sous le poids de l'horizontalité d'un ciel plus que jamais hostile, évoquent l'insignifiance des humains, réduits à peu de chose devant la suprématie de la nature. Imprégnée de nostalgie, cette toile môntre la douleur et le désespoir des hommes devant un monde en perpétuelle déchéance. Aussi le berger isolé et accompagné de son chien sur le coin gauche de l'œuvre apparaît-il comme le dernier visiteur humain de l'ancien édifice autrefois fier et robuste, mais désormais abandonné à la mélancolie et aux forces de la nature toute-puissante. Cette toile est un classique du romantisme.

C'est en 1814 que John Constable visite les ruines du château médiéval de Hadleigh, dans l'Essex, et les dessine. De ce croquis, il tire plus tard quelques études à la peinture à l'huile avant de se lancer dans le tableau final, qui ne cesse de paraître plus torturé à mesure que grandissent l'angoisse et la peine de l'artiste.

CÉNOTAPHE À LA MÉMOIRE
DE SIR JOSHUA REYNOLDS

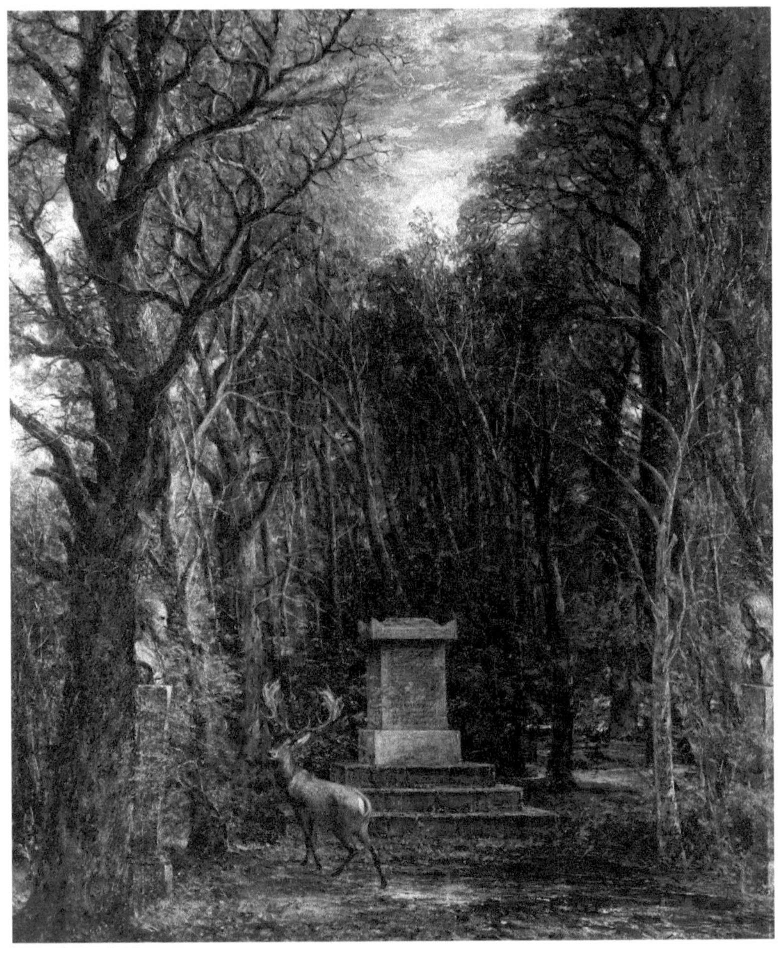

Cénotaphe à la mémoire de Sir Joshua Reynolds, 1833-1836, huile sur toile, 132 x 108,5 cm, Londres, National Gallery.

Cette toile est exposée par John Constable lors du dernier Salon de la Royal Academy auquel il participe, en 1836. Le cénotaphe qu'il représente est construit par Sir George Beaumont, dans son domaine du Leicestershire, en mémoire du peintre portraitiste Sir Joshua Reynolds (1723-1792), premier président de la Royal Academy. Vers 1823, John Constable se rend chez celui qui le soutient depuis sa jeunesse et dessine quelques croquis du mémorial. C'est sur la base de ceux-ci qu'il peint sa toile entre 1833 et 1836.

- 29 -

Dans ce tableau où les cimes des arbres rejoignent un ciel ombrageux, l'ombre est omniprésente. Un cerf, symbole de la nature sauvage qui survit aux hommes, déambule au centre sur un sol boueux. À gauche et à droite, les bustes des peintres Michel-Ange (1475-1564) et Raphaël (1483-1520) forment les limites du cadre et du monument où s'élève le cénotaphe.

George Beaumont étant décédé en 1827, il est probable que cette œuvre soit elle-même l'hommage de John Constable à son vieil ami et premier soutien. Le peintre mourra un an après avoir peint cette toile aux résonances résolument funèbres.

JOHN CONSTABLE, UNE SOURCE D'INSPIRATION

Davantage apprécié en France qu'en Angleterre de son vivant, John Constable fait des émules auprès des peintres romantiques français lors du Salon de Paris de 1824. Ceux-ci admirent son trait vif et ses jeux de lumière. Ils sont également profondément émus par le mouvement vibrant des scènes peintes par Constable, ainsi que par leur caractère romantique. Parmi ses admirateurs figure le père du romantisme pictural français, Eugène Delacroix. Celui-ci ne manque d'ailleurs pas de faire référence à John Constable dans son journal. De nos jours, il est généralement admis que l'artiste français, qui a voyagé un temps en Angleterre, a été influencé par la technique du peintre anglais pour son propre trait, empli de vibration et particulièrement animé, ainsi que pour ses contrastes de couleurs si marqués.

Toujours en France, l'influence de John Constable est manifeste chez les peintres de l'école de Barbizon qui rassemble, au milieu du XIXe siècle, des paysagistes travaillant à Barbizon et dans la forêt de Fontainebleau. On trouve parmi eux des artistes célèbres tels que Théodore Rousseau (1812-1867), Jean-François Millet (1814-1875) et Charles-François Daubigny (1817-1878). Du peintre anglais, ils retiennent principalement la spontanéité des traits, son utilisation de nappes de couleur épaisses, ses jeux de lumière, ses reflets si vivants, ses tons osés et, surtout, son approche chargée d'émotion. Cherchant, à l'instar du Britannique, à « désapprendre » les enseignements des anciennes écoles en quête de quelque chose de neuf, les peintres de Barbizon offrent aux techniques développées par Constable leur plein essor.

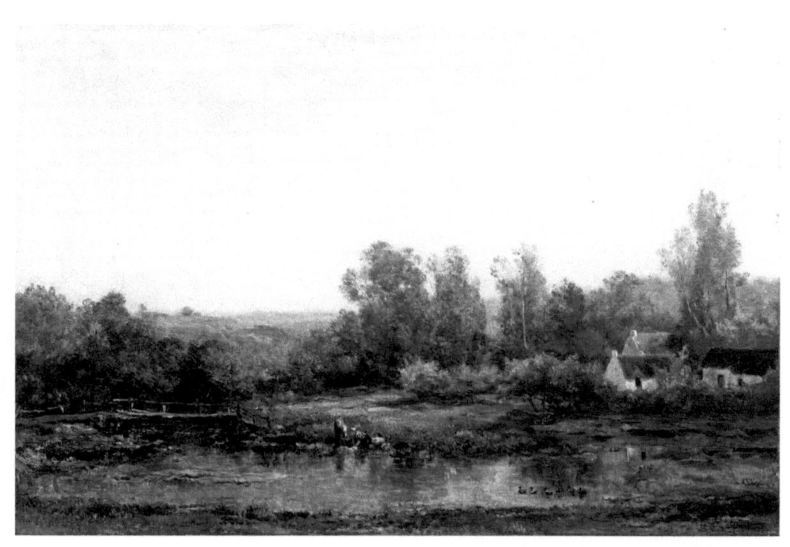

DAUBIGNY (Charles-François), *Les Blanchisseuses*, 1870-1874, huile sur toile, 53 x 80 cm, The Frick Collection, New York.

C'est Charles-François Daubigny qui est le plus influencé par la peinture du Britannique. Désireux de peindre à l'extérieur, il va jusqu'à se faire construire un petit atelier sur un bateau à rames depuis lequel il représente l'Oise. Le peintre français se rend en Angleterre à deux reprises et y rencontre Claude Monet (1840-1926), qui est l'un de ses admirateurs.

Ainsi, c'est de manière indirecte, par le biais des peintres de Barbizon, que Constable influence l'impressionnisme. Le Britannique est dès lors une grande source d'inspiration pour des artistes tels que Camille Pissarro (1830-1903), Alfred Sisley (1839-1899), Paul Cézanne (1839-1906) ou encore Pierre-Auguste Renoir (1841-1919). Toujours, le paysagiste d'East Bergholt marque les peintres par sa vitalité toute romantique.

L'IMPRESSIONNISME

Le courant impressionniste cherche à mettre en avant le ressenti plus que la chose elle-même. Cette école picturale prend son essor autour de plusieurs expositions publiques tenues à Paris de 1874 à 1886. Celles-ci marquent la rupture de l'art moderne avec l'académisme. L'impressionnisme délaisse les teintes sombres et se laisse aller à des couleurs plus marquées, plus pures, qui s'entremêlent en des touches très variées. C'est dans ce dernier élément que réside l'influence la plus importante du romantisme sur ce courant.

C'est après sa mort que Constable devient véritablement célèbre dans le monde anglo-saxon. Sa biographie, *Memoirs of the Life of John Constable. Composed Chiefly from his Letters*, écrite par son ami Charles Robert Leslie (1794-1859) et publiée en 1843, contribue à sa renommée. Constable est aujourd'hui considéré comme l'un des représentants les plus éminents du paysagisme et du romantisme anglais.

EN RÉSUMÉ

- John Constable naît à East Bergholt en 1776. Issu d'une famille de riches meuniers et élevé à la campagne, il est profondément influencé par les paysages de sa région natale, qu'il représentera tout au long de sa vie.

- Adolescent, il fait la rencontre de Sir George Beaumont, qui le pousse à faire de sa passion pour la peinture un métier. En 1799, il entre donc à la Royal Academy à Londres.

- Sa carrière démarre lentement, et ce n'est qu'à partir de 1819, avec ses grands formats, que sa situation s'améliore. La consécration vient en 1824 au Salon de Paris, où le public français admire ses toiles.

- John Constable est un époux aimant. Son amour pour son épouse Maria Bicknell, atteinte de tuberculose, plane sur toute son œuvre. Lorsqu'elle décède en 1829, le peintre entre dans un grave état de dépression, qui se matérialise dans des tableaux plus sombres et aux thèmes emplis de nostalgie.

- Les paysages peints par John Constable se caractérisent par la primauté des émotions. Guidé par ses ressentis, il cherche à peindre les éléments naturels et leur évolution sur le vif. Afin d'obtenir des rendus plus profonds, il travaille ses avant-plans avec des traits plus fins avant de les épaissir à l'arrière-plan.

- Célébré en France bien avant de l'être en Angleterre, il est une source d'inspiration importante pour les peintres de l'école de Barbizon, pour les impressionnistes et, globalement, pour tous les peintres cherchant à rendre leurs toiles plus vibrantes.

POUR ALLER PLUS LOIN

SOURCES BIBLIOGRAPHIQUES

- BERSANI (Jacques) (dir.), *La Grande Histoire des littératures. Héritages et courants*, Paris, Encyclopaedia Universalis & Le Grand Livre du Mois, 2001.
- DELACROIX (Eugène), *Journal*, Paris, Plon, 1893.
- EVANS (Mark), *Constable. The Making of a Master*, Londres, V&A Publishing, 2014.
- *John Constable*, Londres, Sirroco, 2005 (auteur inconnu).
- MEYER (Laure), *Les Maîtres du paysage anglais. De la Renaissance à nos jours*, Paris, Éditions Pierre Terrail, 1992.
- PARKINSON (Ronald), *John Constable. The Man and his Art*, Londres, V&A Publishing, 1998.
- QUENNELL (Peter), *L'Angleterre romantique. Écrivains et peintres. 1717-1851*, Londres, Éditions du Chêne, 1972.
- SPIESS (Dominique) (dir.), *Les Impressionnistes*, Lausanne, Éditions de la Connaissance, 1996.
- TULARD (Jean), *La France de la révolution et de l'Empire*, Paris, PUF, 2004.
- WAT (Pierre), *Constable*, Paris, Hazan, 2002.

SOURCES ICONOGRAPHIQUES

- CONSTABLE (John), *Cénotaphe à la mémoire de Sir Joshua Reynolds*, 1833-1836, huile sur toile, 132 x 108,5 cm, Londres, National Gallery. La photo reproduite est réputée libre de droits.
- CONSTABLE (John), *La Cathédrale de Salisbury vue du jardin de l'évêché*, 1823, huile sur toile, 87,6 x 111,8 cm, Londres, Victoria and Albert Museum. La photo reproduite est réputée libre de droits.

- CONSTABLE (John), *La Charrette à foin*, 1821, huile sur toile, 130 x 185 cm, Londres, National Gallery. La photo reproduite est réputée libre de droits.
- CONSTABLE (John), *La Vallée de Dedham*, 1802, huile sur toile, 43,5 x 34,4 cm, Londres, Victoria and Albert Museum. La photo reproduite est réputée libre de droits.
- CONSTABLE (John), *Le Château de Hadleigh, l'embouchure de la Tamise, un matin après une nuit d'orage*, 1829, huile sur toile, 122 x 164,5 cm, New Haven, Yale Center for British Art. La photo reproduite est réputée libre de droits.
- CONSTABLE (John), *Portrait de Maria Bicknell, Madame John Constable*, 1816, huile sur toile, 30 x 25 cm, Londres, Tate Gallery. La photo reproduite est réputée libre de droits.
- DAUBIGNY (Charles-François), *Les Blanchisseuses*, 1870-1874, huile sur toile, 53 x 80 cm, The Frick Collection, New York. La photo reproduite est réputée libre de droits.

Éditeur responsable : Lemaitre Publishing
Rue Lemaitre 4 | BE-5000 Namur
info@lemaitre-editions.com

ISBN ebook : 978-2-8062-5846-5
ISBN papier : 978-2-8062-5847-2
Dépôt légal : D/2015/12603/117
Photo de couverture : © *Le Château de Hadleigh*, 1829, par John Constable (détail).

Conception numérique : Primento, le partenaire numérique des éditeurs